Catherine Mauger-Trouiller

L'âme,
échanson de l'Esprit

du même Auteur

Editions BoD

A la fenêtre de mon âme
avril 2017

Lumières d'âmes
juin 2017

Catherine Mauger-Trouiller

L'âme,
échanson de l'Esprit

Née à Valence en 1951, d'origine ardéchoise, l'auteure vit en Provence. Depuis sa plus tendre enfance, une ardente aspiration à la connaissance universelle l'anime et la conduit sur le chemin de la vie, suivant son fil d'Ariane intérieur. Sa quête de vérité et d'absolu en une constante orientation spirituelle est nourrie par l'amour de la Sophia, la beauté de la nature, la créativité par nécessité vitale, les rencontres humaines.

« Hâte-toi de transmettre
ta part de merveilleux,
de rébellion, de bienfaisance...
Essaime la poussière.
Nul ne décèlera votre union. »

René Char
Commune présence

Au fil de l'âme...

L'âme, échanson de l'Esprit

Au fil de l'âme...

Soleil levant

Voici le point du jour.

Mon âme en joie
se tourne vers Toi.

Tu écris la page de la nuit
avec la splendeur des étoiles
et la page de chaque jour
avec l'obscurité de la terre.

Ton royaume est la Lumière.
La terre opaque est ton miroir.

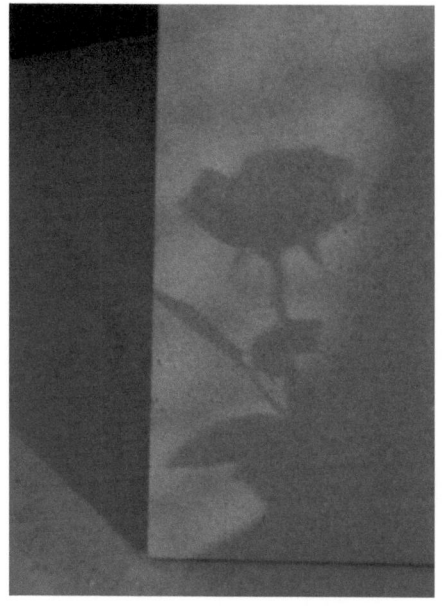

Entre les murs de la nuit
et les rives de la Lumière, la terre.
L'ombre miroir projette Ton sceau divin,
en filigrane, dans la matière.

« Le sommeil du corps est
la lucidité de l'âme,
l'occlusion des yeux la vision véritable. »

Hermès Trismégiste

L'âme nomade, reliée à sa corde d'argent, revient de son voyage nocturne.

Chargée de riches présents, telle l'abeille butineuse alourdie de pollen, l'âme rejoint son asile terrestre.

Silence, silence encore…

Au réveil du corps,
ne pas d'emblée engluer l'âme
dans sa bogue de chair.

Retenir un instant l'élan vital ordinaire.
Bannir l'assaut des pensées ténébreuses.
Chasser le souci, l'inquiétude, la crainte.

L'espace du cœur ainsi préservé,
tendre l'oreille vers la voix du silence,
messagère d'un possible renouveau
printanier, d'une heureuse nouvelle.

Au faîte de l'arbre
l'oiseau a suspendu son chant.

Une rosée de pluie salutaire
s'épanche du ciel.

Recueilli en lui-même,
l'oiseau immobile,
dans le silence du Temps,
se confie à l'Amour bienveillant.

Dans le silence serein de l'aube naissante, l'âme ermite se concentre, médite.

Répondre à l'attente de son maître intérieur :

« Que veux-tu que je fasse ? »

Béance soudaine !
Le vide, le néant.

Des bulles de mémoires, de ferment,
remontent à la surface,
éclatent à la conscience.

Une peur viscérale cachée,
tel un diablotin de sa boîte,
s'échappe du monde souterrain.

Combler le vide par tous les moyens !

Ne te retourne pas en arrière
mon âme ou tu es perdue !

Courbe la tête.
Dilate le cœur.

Bienheureuse éclaircie !
Du tréfonds du cœur jaillit la Vie !
Lumineuse aurore d'une révélation
surgie de la nuit !

L'orient matinal engendre un nouveau jour, celui de tous les possibles.

Voici :

> *« Que vais-je écrire aujourd'hui*
> *sur cette page blanche ? »*

Au fil de l'âme...

Plein midi

Derrière la fenêtre de sa chambre haute, à l'étage, suspendue entre ciel et terre, sûr abri où, toutes peurs enfuies, l'âme enfant observe le monde passant.

Paroles saisies au vol :
« J'ouvre la fenêtre et c'est la vraie vie ! »

46

Dans le plein midi, l'âme pérégrine s'enflamme de mille feux.

Tantôt vers l'Orient,
tantôt vers l'Occident,
elle chemine sous l'impulsion divine, à la recherche d'un paradis, d'un grand Amour pressenti.

Le chemin de l'âme pérégrine ondoie en larges cercles concentriques, dans les courants astraux du monde passant, jusqu'aux confins de la limite.

Dans son laboratoire terrestre, l'âme alchimiste agit.

Les fluides de l'âme s'échauffent dans le plein midi. Ils bouillonnent dans le chaudron des désirs, des rêves, des passions de l'expérimentation :

action - réaction,
audace - retenue,
enthousiasme - déception,
joie - affliction,
violence - culpabilité,

la dualité pleinement éprouvée.

La page blanche à chaque instant s'écrit.

La page blanche du jour peu à peu se noircit dans le plein midi.

La magie de l'âme s'accomplit.

Fascinations, mensonges, illusions,
la flamme de l'âme se consume
dans le plein midi.
Rivée à son destin,
un labyrinthe sans fin.

Au pied du mur des lamentations,
se déversent toutes les larmes du monde.

Où trouver la sortie ?
Le fil d'Ariane qui y conduit ?
La vraie Vie ?

L'expérience intérieure de la captivité : un sûr chemin vers la liberté !

Au sommet de la montagne, dans son alpage, une jeune âme bergère témoigne.

A la question sur la solitude, l'isolement, sur le travail assidu auprès des bêtes, elle répond :
« C'est un choix délibéré. Il faut savoir être bien avec soi-même. Je m'affranchis dans l'effort, dans l'astreinte. »

L'ascèse comme l'abondance,
autres expériences d'ouverture
de conscience…

« Echevelé, livide,
au milieu des tempêtes,
Caïn s'était enfui de devant Jéhova. »

Victor Hugo
La conscience

Voix de la conscience sur le chemin
des expériences :

« Qu'ai-je écrit sur la page de ma vie ? »

Au fil de l'âme...

Soleil couchant

Dans l'œil du cyclone,
aucune turbulence,
aucun vent contraire.
Un abri temporaire
où le temps se mesure.

Dans le noyau de l'étincelle divine,
une paix infinie,
la rose âme respire.
Oasis de lumière
où l'éternité règne sans mesure.

Le soleil terrestre décline.

Parvenus aux confins de la limite
meurent les cercles concentriques.

Un arrêt sur le chemin de l'âme pérégrine.

Soleil couchant, l'occident rassemble
en un point tout le vécu du jour.
Le un intègre le multiple.

L'orient et l'occident s'unissent,
convergent à nouveau vers le centre.

« Objets inanimés, avez-vous donc une âme qui
s'attache à votre âme et la force d'aimer ? »

Georges Pérec

Faire le tour de sa demeure.

Poser un lent, très lent regard
sur chaque objet qui l'habite,
objet recouvert d'un manteau d'abandon.

Souffler sur la poussière de l'habitude
déposée comme un linceul.

Le grand ménage est à faire.
Se délester pour s'élever.

Au service de réanimation de l'hôpital,
des cellules vitrées, en un cercle agencées.
Au centre, le laboratoire alchimique des soins
intensifs.

Dans chaque cellule transparente,
une âme en souffrance
maintenue reliée entre terre et ciel.
Le temps est suspendu.

Une âme endormie, Blanche neige dans son
cercueil de verre. Son jeune époux incliné
dépose sur son front un baiser.
Silence, attente, espérance d'une possible
résurrection du corps.

Saisissement du cœur !
Compassion divine !

Ce matin, pâle d'un trouble sacré, la rose âme m'a parlé.

« Ecoute : je suis pâle et sans force et cependant ne vois-tu pas monter les sphères libérées de mon cœur éclaté ? »

Stoppée dans son élan de vie,
un nouveau voyage pour l'âme pérégrine,
une autre lumière sous le soleil de l'Esprit.

Une transfusion s'opère
dans les fluides de l'âme,
un goutte à goutte salvateur,
pur élixir d'or qui ranime le corps.

Promesse d'une renaissance certaine.
Prémices d'une sainte guérison.

La transfiguration ?

Un processus atomique
de dissolution et de recréation,
de mort et de résurrection.

De la chenille... au papillon...

De l'humain... au divin...

Un point de non retour
où deux natures se fondent
l'une dans l'autre
sous l'action du feu de l'Esprit,
la mort dissoute dans la Vie !

Narcisse mal aimé,
Narcisse incompris,
Narcisse réhabilité.
Tu n'es pas celui qu'on dit.

Au cœur de la forêt attentive à mes pas solitaires, mon âme fut conduite vers une source. Une fleur de narcisse, corolle ouverte, s'y abreuve, blanche comme neige. En son cœur une couronne pourpre et or.

Hésitante, en apnée, j'avance, un pas encore.
Instant sacré où le silence s'impose.
L'éternité descend.

Au murmure de la source,
l'oreille intérieure de mon cœur entend :
        « Voici ton jumeau divin ».

Je m'incline vers l'eau cristalline.
Rencontre inattendue !
Contemplation divine !
Dans ce miroir l'image réfléchie d'un Autre,
ni tout à fait moi, ni tout à fait autre,
telle une sculpture en marbre ébauchée
qui libère le dieu enfermé.

Indicible beauté !

Tu descends dans la vallée du cœur.
Tu y fais ta demeure.

Mon royaume est Ta lumière.
Pas à pas, j'avance avec Toi.

Voici :

*« Que vas-Tu écrire aujourd'hui
sur ma page blanche ? »*

L'âme,
échanson de l'Esprit

« Car en Lui,
nous avons la vie,
le mouvement et l'être ».

Actes 17 - v. 28

Dans la grotte du cœur,
silencieux, plein d'ardeur,
le jardinier s'active.

Préparer un sol fertile
pour la semence divine.

Faire jaillir la vie
de l'humus de la nuit,
du terreau ajouté.

Silencieuse, fervente,
l'âme béguine, libre esprit, s'active.

Solitude - partage,
labeur - ardeur,
persévérance - espérance,
dévouement - amour,

l'unité pleinement pratiquée.

Il est une source pure
cachée dans la grotte du cœur.
Insondable est sa profondeur.

Son eau diamantine
a traversé les mondes,
paradis et enfers.

L'âme étincelle divine
sur la crête du cœur,
frappe le rocher des entraves,
fait jaillir la source de l'immortalité !

Du centre
le corps s'est retourné
- trois cent soixante degrés -
sous la pression ardente
du Souffle igné.

Le corps, du centre désormais,
consonne et vocalise
avec l'âme et l'Esprit, en unité.

Du centre désormais,
du cœur de l'éternité,
s'élève un son pur et clair
en ondes sphériques
vers les confins de l'univers.

La Lumière parle !
Les mots éclairent !

« Que la Lumière soit !
Et la Lumière fut ! »

Genèse 1 - v. 3

La Parole vivante donne Vie.
Elle brûle l'ignorance et sa ténèbre nuit.
A l'unique Vérité reliée,
elle est langue universelle
mot à mot épelée,
verbe de l'Amour divin
qui fore le chemin
pour le monde et l'humanité.

Unité !

Plus de moi, plus de toi, plus de nous.
Plus de séparation, plus de lutte.
Plus d'après, plus d'avant.
Plus de mesure à l'aune du temps.

N'être plus qu'un coeur dilaté
qui bat... qui bat...
qui bat pour l'immortel Ami,
le témoin silencieux de l'Amour révélé.
Dans ce n'être plus rien,
faire de chaque heure de sa vie
un éternel renouveau printanier.

Gratitude et Joie infinie !

Du sommet de sa haute retraite
l'âme célèbre l'Esprit, l'union sacrée,
à l'immortel Amour à jamais reliée.

L'âme ardente, avec ferveur,
suit son guide intérieur,
échanson de l'Esprit,
jette son filet d'or
dans l'océan de la vie.

Allégresse, Espérance et Bonheur
harponnent les cœurs !

Ricochets de lumière !
C'est la danse sacrée des étincelles d'Esprit.
Bienheureuse ivresse contagieuse
irradiant l'univers !

Vois advenir le règne de l'Ame !
L'aube d'un nouveau matin,
le jour des jours sans fin,
Lumière des lumières !

Ici et maintenant !
Dans le présent vivant !

Grandiose perspective
pour l'humanité âme, éclairée
au plus près de ses pas,
sur ce chemin engagée !

Là où est l'Esprit, là est la Liberté !

Toute ma gratitude à
Jean Lavoué

« *Merci pour votre recueil que j'ai lu avec plaisir :
une méditation pleine d'intériorité, de spiritualité
et d'élan…*
*En vous souhaitant de pouvoir partager autour de
vous ces mots qui font vivre !* ».

© 2018 , Catherine Mauger-Trouiller

Edition BoD - Books on Demand
12/14 rond-point des Champs Elysées - 75008 Paris
Imprimé par BoD - Books on Demand, Norderstedt – Allemagne

ISBN 9 782322 101214
Dépôt légal : janvier 2018